백성을 가르치는 바른 소리
훈민정음과 세종대왕

글 권기경 | 그림 최혜영

한솔수북

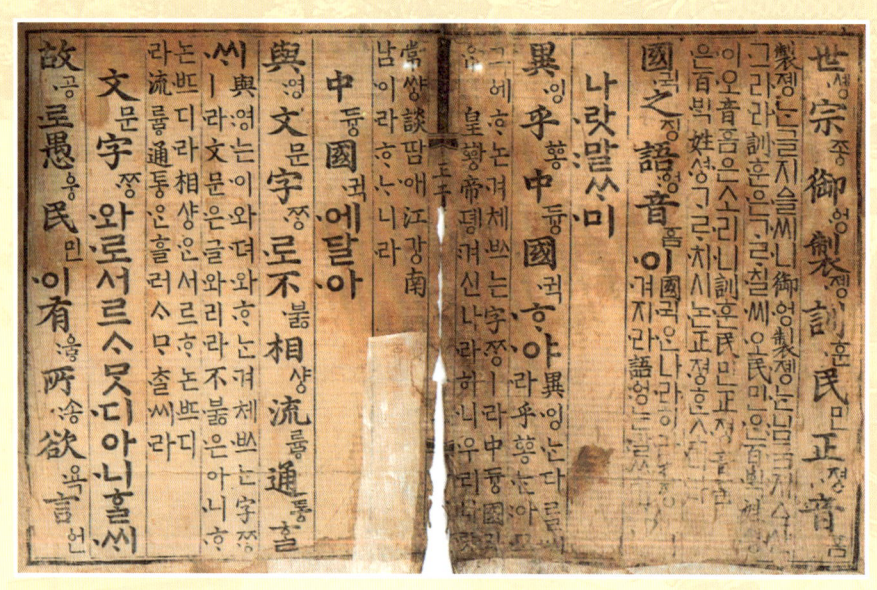

한자로 된 《훈민정음》을 한글로 풀이한 《훈민정음언해》. (독립기념관)

그것은 세종대왕과 몇몇 사람만이 알고 있는 일급비밀이었어요.

신하들한테 들키는 날엔 모든 것이 물거품이 되고 말 테니까요.

'최만리가 눈치채기 전에 어서 만들어야 할 텐데……'

세종대왕은 애를 태우며 고민에 고민을 거듭했어요.

마침내 갖은 고생 끝에 탄생한 훈민정음 스물여덟 자.

과연 세종대왕은 어떻게 훈민정음을 만들었을까요?

차례

암호를 풀어라! · 6

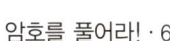

큰 다짐을 하다 … 12

집현전의 젊은 학사 … 리

또 다른 위기가 오다 … 32

백성을 가르치는 바른 소리 … 41

마침내 뜻을 이루다 … 49

한글이 정말 좋아 · 60
조선의 뛰어난 임금, 세종대왕 · 62

암호를 풀어라!

수업을 마치는 종이 울리자마자 강호는 잽싸게 달려 나갔다. 도서관 문을 열고 들어서자 사서 선생님이 환하게 웃으며 강호를 맞이했다.
"어서 와. 오늘도 셜록 홈즈야?"
"예."
강호는 대답을 마치자마자 곧바로 책꽂이 쪽으로 갔다. 거기에는 추리소설들이 잔뜩 꽂혀 있었다. 강호는 그 가운데서 《셜록 홈즈》를 뽑아 들고 언제나처럼 창가에 자리를 잡았다.
요즘 강호는 영국의 소설가 코난 도일이 쓴 탐정소설 《셜록 홈즈》에 푹 빠져 있었다. 어찌나 흥미진진한지 한번 손에 잡으면 책을 다 덮을 때까지 내려놓을 수가 없었다. 셜록 홈즈의 뛰어난 머리와 기막힌 추리에 강호는 번번이 혀를 내둘렀다. 그래서 강호는 마음속으로 굳게 다짐했다.
'나도 이다음에 어른이 되면 셜록 홈즈 아저씨 같은 명탐정이 돼야지!'
책을 펼쳐 든 강호는 점심시간에 읽다 만 곳부터 단숨에 읽어 내려갔다. 드디어 셜록 홈즈가 범인을 밝혀내기 일보직전이었다. 그런데 마침 그때 파리 한 마리가 "애앵!" 하고 강호의 얼굴로 달려들었다.
"에잇, 이놈의 파리가?"

 강호는 파리를 잡으려고 손을 크게 휘휘 내저었다. 하지만 파리는 요리조리 잘도 피해 날아다녔다. 강호는 슬슬 약이 올라 파리가 어딘가에 앉기만을 기다렸다. 그런데 어느새 파리가 강호의 콧등에 살짝 내려앉았다.
 강호가 눈을 동그랗게 뜨고 찬찬히 살펴보니 그것은 파리가 아니라, 부호처럼 생긴 깃털 같은 것이었다.
 "어라, 이건 자음 시옷이잖아?"
 강호가 잠깐 어리둥절해하고 있는 사이, 강호의 콧등에 앉아 있던 시옷(ㅅ)은 공중제비를 도는가 싶더니 강호가 읽고 있던 소설책 속으로 쏙 들어갔다. 강호는 눈앞에서 벌어진 일을 도저히 믿을 수가 없어 고개를 세차게 흔들었다.
 그런데 그 뒤로도 똑같은 일이 이어졌다. 강호가 도서관에서 《셜록 홈즈》를 읽을 때면, 그것도 셜록 홈즈가 범인을 밝히려 할 때마다 어김없이 글자가 튀어나와 강호의 콧잔등에 앉았다.
 다만 다른 점이라면 그때마다 글자가 바뀐다는 것이었다. 처음엔 그저 신기한 일이라고만 여겼다. 그런데 줄곧 똑같은 일이 되풀이되자, 아무래도 그냥 넘어가기엔 왠지 꺼림칙했다.
 '누군가 내게 넌지시 뭔가를 알려 주고 있는 게 아닐까?'

강호는 그동안 콧등에 앉았던 글자를 차례로 공책에 적어 내려갔다.
ㅅㅅㅇㄷㅇㅇㅇㅇㅎㅁㅎㅔㅡㅗㅐㅗㅏㅣㅜㅣㅐ

자음과 모음을 더해 모두 스물한 자였다. 그런데 자음과 모음이 따로 있어서 무슨 말인지 도대체 알 수가 없었다.

'자음과 모음을 차례대로 짝을 맞춰 볼까?'

그랬더니 '세스오대오아이후미허'가 되었다. 도무지 무슨 말인지 알 수가 없었다. 게다가 모음 'ㅐ' 하나는 짝이 안 맞았다.

'이건 아닌 것 같아. 뭔가 다른 게 있을 거야.'

강호는 다시 골똘히 생각에 잠겼다. 마치 진짜 탐정이라도 된 기분이었다. 셜록 홈즈가 사건을 풀 때처럼 강호도 이 암호를 멋지게 풀어 보리라 다짐했다. 하지만 몇 시간을 끙끙거리며 머리를 싸매도 좀처럼 안 풀렸다.

'아빠라면 쉽게 풀지도 모르는데. 한번 물어볼까?'

잠깐 아빠한테 기대고 싶은 생각이 들었지만 강호는 곧 마음을 고쳐먹었다. 글자가 강호한테만 나타난 건, 강호 혼자만 알고 있어야 할 비밀을 알려 주려는 것인지도 몰랐다. 하지만 밤을 꼴딱 새다시피 하며 아무리 자음과 모음의 차례를 바꿔서 맞춰 보아도 말이 안 되었다. 답답해서 그런지 잠도 안 오고 밥도 잘 안 넘어갔다.

강호는 아침에 일어나자마자 가방을 메고 집을 나섰다.
'학교에 가면 생각이 날지도 몰라.'
그러면서 빠른 걸음으로 학교를 가는데, 마침 간판을 고치는 아저씨들의 목소리가 들려왔다. 강호가 간판의 글자를 물끄러미 바라보며 한 아저씨한테 물었다.
"저 글자는 왜 저렇게 됐어요?"
"나도 몰라. 지난번 태풍 때 한 획이 날아갔나 보지."
아저씨는 나름대로 자기 생각을 아무렇지 않게 대답했다. 그 글자는 원래 세종이란 글자였는데 한 획이 없어져서 세송이 된 것이었다. 바로 그때 강호의 머릿속으로 암호를 풀 수 있는 방법이 문득 떠올랐다.
'그래, 바로 저거야!'
교실에 이른 강호는 차분하게 공책 위에 암호를 풀어 갔다.
ㅅㅅㅇㄷㅇㅇㅇㅇㅎㅁㅎㅔㅡㅗㅐㅗㅏㅣㅜㅣㅐ
ㅅㅔㅈㅗㄷㅐㅇㅘㅇㅇㅣㅇㅜㅣㅎㅓㅁㅎㅐ
그리고 천천히 글자를 붙여서 읽어 보았다.
"세 종 대 왕 이 위 험 해."
그 말을 하자마자 강호의 머리가 어질어질하며 눈꺼풀이 무거워졌다.

세종대왕과 소헌 왕후가 함께 잠들어 있는 곳, 영릉!

세종대왕은 아버지 태종이 닦아 놓은 바탕 위에 새 왕조의 기틀을 굳건히 세웠어요. 백성과 신하를 내 몸같이 여겼던 세종대왕은 그들과 힘을 모아 이루 헤아릴 수 없을 만큼 많은 일을 이뤄 냈지요. 우리 역사에서 가장 찬란한 문화를 꽃피운 임금 세종대왕은 바로 이곳에 잠들어 있습니다. 경기도 여주군 능서면 왕대리.(시몽포토)

큰 다짐을 하다

"야, 바쁘다 바빠."

신하들은 부지런히 경복궁 사정전으로 갔다.

"아닌 게 아니라 임금께서 왕의 자리에 오른 뒤부터 일이 두 배는 늘어난 것 같아."

"그러게 말일세. 지금 임금님이 벌려 놓은 일이 어디 한두 가지여야 말이지. 후유, 피곤해 죽겠어."

그때 투덜거리는 신하들 뒤로 크게 꾸짖는 목소리가 들려왔다.

"일하기 싫으면 곧장 관두게!"

그를 본 신하들의 낯빛이 금세 파래졌다. 깐깐하기로 소문난 집현전 부제학 최만리 대감이었다.

"지금 임금님이 하시는 일은 모두 다 이 나라 조선을 위한 일이거늘, 신하란 자들이 어찌 그리 투정을 부린단 말인가?"

최만리 대감은 고개 숙인 신하들을 무섭게 쏘아보고는 사정전 안으로 들어갔다. 최만리 대감의 모습이 사라지자 신하들은 그제야 긴 숨을 내쉬며 가슴을 쓸어내렸다.

"이러고 있을 때가 아니네. 책잡히기 전에 우리도 어서 들어가세나."

한 신하의 말에 그 자리에 있던 다른 신하들도 서둘러 사정전 안으로 들어갔다.

사정전 안은 임금인 세종대왕과 신하들로 북적거렸다. 아침마다 세종은 이곳 사정전에서 삼사 육부의 중신들과 나랏일을 의논했다.

"그래, 오늘은 어떤 사건을 가져왔소?"

세종이 형조판서한테 물었다.

"저, 아뢰옵기 황송하오나……."

그 자리에 있던 한 중신이 말끝을 못 맺고 우물쭈물하자 세종이 소리쳤다.

"무슨 일이기에 그리 뜸을 들이시오?"

"간밤에 살인 사건이 있었다고 합니다."

"허허, 또 살인 사건이 일어났단 말이오? 그래, 이번엔 어디에 사는 누구요?"

세종의 목소리가 높아졌다. 요즘 들어 자주 일어나는 살인 사건 때문에 세종은 마음이 몹시 편치 않았던 것이다. 눈치를 보며 머뭇거리던 호조판서가 입을 뗐다.

"진주에 사는 김화라는 자가 아비를 죽였다는……."
그 말이 끝나기도 전에 세종이 책상을 탕 내리쳤다.
"아니, 자식이 아비를 죽였단 말이오? 허어, 이럴 수가!"
세종은 크게 신음 소리를 내고는 다시 말을 이었다.
"이는 모두 내가 덕이 모자란 탓이로다!"
세종의 말에 형조판서가 얼른 머리를 바닥에 조아리며 말했다.

"곧바로 그자의 목을 거두게 하여 주시옵소서."
"형조 대감, 이건 그자를 죽인다고 될 문제가 아니오."
"예?"
형조판서는 어리둥절해서 세종을 바라보았다.
"그자가 죽고 난 뒤에도 똑같은 일이 벌어지지 말란 법이 어디 있소? 문제는 다시는 이런 일이 안 일어나게 해야 한단 말이오. 자, 어디 좋은 방법이 없겠소?"

세종은 중신들을 둘러보며 말했다. 그때 한쪽에서 꼬장꼬장한 목소리가 들려왔다.

"어리석은 백성들한테 충효 사상을 가르치는 게 어떨는지요?"

다름 아닌 최만리 대감이었다.

"그렇습니다. 책으로 만들어서 백성들이 보게 하는 것입니다."

중신들이 최만리 대감의 의견에 맞장구를 쳤다. 세종도 고개를 끄덕이며 말했다.

"좋은 생각이오. 집현전은 오늘부터 충신과 효자 그리고 열녀에 얽힌 이야기들을 책으로 엮도록 하시오."

"예, 잘 알겠습니다."

최만리 대감이 고개를 숙이며 말했다. 어느덧 무거웠던 분위기는 가시고 회의는 다시 활기를 띄었다. 하지만 세종은 아직도 마음을 쉽게 못 잡고 있었다.

'책을 읽으려면 백성들이 한자를 알아야 할 텐데…….'

신분 사회인 조선에서 그동안 글자는 양반들만의 것이었다. 양반은 어릴 적부터 서당에 다니며 한자를 배우고 익혔지만, 백성들은 그러는 게 어려웠다. 배울 기회가 있다 하더라도 한자는 백성들이 배우기엔 너무나 어려운 글자였다.

'이참에 쉬운 글자를 만들자고 해 볼까?'

그런 생각을 하며 세종은 중신들을 가만히 둘러보았다.

'아냐, 아냐. 저들이 가만있을 리 없어. 오히려 펄펄 뛰면서 반대하고 나서겠지.'

세종은 머리를 흔들었다.

"전하, 무슨 생각을 그리 하시옵니까?"

최만리 대감이 세종의 얼굴을 살피며 물었다.

"아, 아무것도 아니오."

세종은 아무렇지 않게 시치미를 뚝 뗐다. 하지만 세종의 마음속엔 벌써 큰 다짐이 섰다.

그날 밤, 세종은 세 왕자과 둘째 딸 정의 공주를 아무도 모르게 침전으로 불러들였다.

"누가 본 사람은 없느냐?"

"네, 아바마마. 그런데 이 늦은 밤에 어인 일이시옵니까?"

세자가 잔뜩 궁금한 얼굴로 물었다.

"이제부터 내가 하는 말을 잘 들어라."

그러자 방 안엔 갑자기 긴장이 감돌았다. 여느 때 볼 수 없었던 세종의 모습이었다.

"앞으로 나는 우리 글자를 만들 생각이다."

"아니, 우리 글자라니요? 그럼 한자 말고 또 다른 글자를 만들겠다는 말씀이세요?"

정의 공주가 눈을 동그랗게 뜨고 물었다.

"그렇다. 어리석은 백성들도 누구나 쉽게 배울 수 있는 그런 글자를 만들려고 한다. 그러니 너희가 나를 힘껏 도와주어야 한다. 알겠느냐?"

세종은 힘주어 말했다.

"저희야 물론 아바마마의 뜻을 따르겠지만, 중신들이 이 일을 알면 가만있지 않을 텐데요."

이번엔 셋째 아들 안평대군이 말했다.

"그러니 너희를 몰래 부르지 않았느냐? 이것은 너희와 나, 이렇게 다섯 사람만 알고 있어야 해."

그때였다. 슝 하는 소리와 함께 화살이 창호지를 뚫고 날아왔다.

"앗, 아바마마!"

역사스페셜박물관

세종대왕 어진

세종대왕이 임금이 되기 전 군호는 충녕대군이었어요. 충녕대군은 태종의 셋째 아들이었지요. 그런데 어떻게 셋째 아들이 왕의 자리에 오를 수 있었을까요? 그것은 원래 세자였던 양녕대군이 태종의 눈 밖에 났기 때문이었지요. 태종은 양녕대군 대신에 어릴 적부터 공부하기를 좋아하고 생각이 깊었던 셋째아들 충녕대군을 세자 자리에 앉혔어요. 그렇게 해서 충녕대군이 조선의 4대 임금이 된 것이지요. (세종대왕기념관)

정의 공주의 무덤

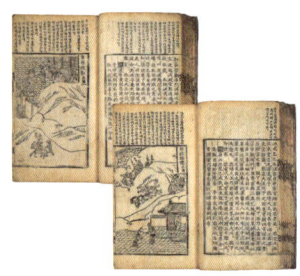

정의 공주가 세종대왕을 도와서 훈민정음을 만들었다는 이야기가 전하는데요, 어떤 구실을 했는지는 아직 뚜렷이 안 밝혀졌어요. 하지만 세종대왕이 세 왕자와 정의 공주를 불러 어려운 문제를 냈는데, 정의 공주가 알아맞혀서 큰 상을 내렸다고 하니 무척 영특하긴 했나 봐요. 서울시 도봉구 방학동. (시몽포토)

《삼강행실도》에 그림이 들어간 까닭

《삼강행실도》는 조선과 중국의 책에서 뽑은 백다섯의 충신과 효자 그리고 열녀들을 소개하는 하나의 도덕 교과서라고 할 수 있어요. 눈에 띄는 점은 책 속에 그림이 있다는 것인데, 이는 세종이 책이 모두 한자로 돼 있으면 백성들이 알기 힘들 것이라 여겨 그림을 같이 넣게 했다고 해요. 백성을 생각하는 세종의 애틋한 마음을 엿볼 수 있지요. (국립중앙박물관 중박 200811-458)

집현전

집현전은 인재를 양성하고 학문을 연구하는 기관이었어요. 집현전 학사들은 임금이 정치를 올바르게 펼 수 있게 유교를 가르치고, 또 세자의 교육을 맡기도 했지요. 세종은 집현전 학사들이 마음 놓고 연구할 수 있게 따로 생활비를 주었다고 해요. 그렇다면 조선의 공부벌레들이 지냈던 집현전은 어디에 있었을까요? 바로 경복궁 수정전이 조선 시대의 집현전이었다고 해요. (시몽포토)

집현전의 젊은 학사

세종은 간밤의 일을 곰곰이 생각해 보았다. 어젯밤 창호지를 뚫고 날아온 화살은 다행히 아무 일 없이 그냥 벽에 꽂혔다. 정의 공주의 비명을 듣고 달려온 호위 병사가 궁궐을 샅샅이 뒤졌지만 화살을 쏜 범인은 끝내 못 찾았다.

"아바마마, 대체 이게 어찌 된 일일까요?"

세자가 먼저 나서며 걱정스러운 눈빛으로 말했다.

"아무래도 이 일은 너무 위험합니다."

"맞습니다, 아바마마."

다른 두 왕자들도 겁에 질린 얼굴로 잇따라 거들고 나섰다.

"아바마마, 누군가 벌써 이 일을 알아차리고 있는 게 아닐까요?"

옆에서 골똘히 생각에 잠겨 있던 정의 공주가 차분하게 자기 생각을 말했다.

"글쎄, 그럴 리가 없는데……."

세종이 잠깐 딴 생각을 하는 듯 말끝을 흐렸다.

"아바마마, 아우들 말대로 이 일은 무척 위험한 것 같습니다."

세자가 다시 나서서 조심스럽게 입을 뗐다. 하지만 세종은 조금도 흔들림이 없었다.

"위험하다고 해서 내가 이 일을 안 한다면, 백성들은 앞으로도 결코 글자를 배우지 못할 것이다."

백성을 생각하는 세종의 깊고 애틋한 마음에 세 왕자와 정의 공주는 고개를 숙였다.

"알겠습니다. 저희도 아바마마의 뜻을 끝까지 따르겠습니다."

세종은 세 왕자와 공주가 위험을 무릅쓰고 뜻을 함께하기로 하자 무척 기뻤다. 이제 남은 것은 다른 이들한테 안 들키고 몰래 글자를 만들어 내는 일이었다. 그러면서도 간밤의 일이 자꾸 마음에 걸렸다.

'누군가 내 계획을 눈치챈 게 틀림없어. 대체 그게 누구일까?'

세종은 이 일을 반대할 만한 사람들을 떠올려 보았다. 가장 먼저 떠오른 얼굴은 바로 집현전 부제학 최만리였다.

'설마 최만리가? 아냐, 그럴 리가 없어.'

세종은 고개를 저었다. 최만리 대감은 학식이 높고 청렴결백해 세종이 늘 믿고 기대는 중신 가운데 한 사람이었다. 결코 임금을 해꼬지할 그럴 인물이 아니었다.

그렇다고 완전히 마음을 놓을 수는 없었다. 유학자인 집현전 학사들이야말로 새로운 글자를 만드는 데 가장 큰 걸림돌이었다.

'최만리를 중심으로 한 나이 든 집현전 학사들을 조심해야 해.'

세종은 다시 한 번 마음을 다잡았다.

"오늘은 또 무슨 생각을 그렇게 골똘히 하십니까?"

생각에 잠겨 궁궐을 거니는데, 최만리 대감이 세종한테로 다가오며 말을 건넸다.

"아, 아무것도 아니오."

세종은 적이 놀란 얼굴로 서둘러 둘러댔다.

"간밤에 아주 안 좋은 일이 있었다는 얘기를 들었는데, 이렇게 별 탈이 없어 정말 다행입니다."

세종은 최만리의 얼굴을 흘깃 바라보았다. 그는 진심으로 세종을 걱정하고 있었다.

"그런데 깊은 밤에 왕자님들과 공주님은 왜 부르셨습니까?"

그 말에 세종은 자기도 모르게 움찔했다. 하지만 곧 아무렇지 않은 듯 대답했다.

"그냥 좀 심심하기도 해서 수수께끼를 내려고 불렀소."

"예? 수수께끼라니요?"

"왕자들과 공주가 공부를 얼마나 열심히 하고 있는지 한번 시험해 보고 싶었거든. 하하하."

세종은 속마음을 안 들키려고 일부러 너털웃음을 쳤다.
"아, 그러셨군요. 하하."
최만리 대감은 뭔가 꺼림칙한 낯빛으로 멋쩍게 따라 웃었다.
웃고 있는 두 사람 사이엔 왠지 모를 서먹함이 감돌았다.

"에헴, 어디 새로운 책이 들어왔는지 장서각에나 가 볼까?"

세종은 짐짓 딴청을 부리며 천천히 걸어갔다. 최만리는 세종 쪽으로 고개를 숙였다. 세종의 얼굴은 어느새 딱딱하게 굳어 있었다.

'앞으로 더욱 조심해야겠는걸.'

장서각에 이르자 세종은 내관들을 바라보며 말했다.

"너희는 여기서 기다려라."

"예, 전하."

내관들까지 물리치고 세종은 혼자서 장서각 안으로 들어갔다.

"전하, 오셨습니까?"

세종이 들어서자 강호가 반갑게 맞이했다. 세종은 바깥을 살피더니 목소리를 낮췄다.

"그래, 부탁한 것은 찾았느냐?"

"예, 전하."

강호는 미리 준비해 둔 책 보따리를 세종 앞으로 내밀었다.

"중국과 돌궐의 글자를 풀이한 책들입니다."

"아니, 돌궐에 글자가 있었더냐?"

세종이 눈을 동그랗게 뜨고 물었다.

"예, 그러하옵니다."

강호가 고개를 숙이며 대답했다.

"허허, 하물며 그런 오랑캐 나라도 자기네 글자가 있는데……."

세종은 안타까운 마음에 혀를 끌끌 찼다. 다시금 우리 글자를 만들어야겠다는 마음이 솟구쳤다.

"그래, 애썼다."

그러면서 세종은 강호의 어깨를 살며시 두드려 주었다.

강호는 세종의 비밀 계획을 알고 있는 또 다른 한 사람이었다. 강호는 왕립 도서관인 장서각의 관리자이자 집현전의 젊은 학사였다. 세종만큼이나 책벌레인 강호는 세종이 부탁하는 책이라면 언제나 제때에 맞춰 찾아 주었다.

"또 필요한 책이 있으면 언제든 말씀하십시오."

강호가 밝은 웃음을 지으며 말했다.

"알았다. 또 들르마."

그러면서 뒤돌아서던 세종은 다시 걸음을 멈추고는 강호를 바라보며 불쑥 말했다.

"참, 어쩌면 최만리 대감이 널 찾아올지도 모르겠구나."

"예? 그렇다면 부제학께서 눈치라도 챘단 말인지요?"

강호가 놀란 얼굴로 말했다.

"아니, 그냥 내 짐작일 뿐이다. 하지만 낮말은 새가 듣고 밤말은 쥐가 듣는다는 말도 있지 않느냐? 비밀이 어디서 어떻게 새어 나갈지는 아무도 모르는 일이야."

세종은 겉으로 웃음을 짓고 있긴 했지만 왠지 걱정스러워 보였다.

"걱정하지 마십시오. 만일 끌려가서 주리가 틀리는 일이 있더라도 소인이 결코 입을 여는 일은 없을 것입니다."

강호는 굳게 다짐하듯 말했다.

"고맙다. 나는 너만 믿으마."

세종은 강호의 손을 굳게 맞잡았다. 바로 그때 서가 뒤로 검은 그림자가 소리 없이 사라졌다. 하지만 세종과 강호는 그것을 전혀 눈치채지 못했다.

역사스페셜박물관

장서각

이 그림은 조선 시대의 화가 김홍도가 그린 규장각도예요. 규장각은 정조 임금이 세운 왕립도서관이지요. 규장각이 세워지기 전엔 장서각이라는 곳이 있었는데요, 장서각은 도서관을 일컫는 말이었어요. 보통 궁궐이나 사원 같은 곳에 장서각을 만들어 책을 보관했지요.
(국립중앙박물관 중박 200811-458)

아버지를 쏙 빼닮은 아들

세종의 맏아들 문종은 아버지를 닮아 어릴 적부터 학문을 무척 좋아했어요. 또한 손수 측우기와 무기 제작에 뛰어들 만큼 천문과 산술에도 뛰어났다고 해요. 아래는 고려 말 최무선이 만든 '주화(走火)'를 세종 때 세자로 있던 문종의 지시에 따라 새로 만든 신기전기화차(神機箭機火車)와 신기전인데요, 한 번에 불화살을 백 발씩 쏠 수 있는 데다가 사거리도 2킬로미터가 넘었다고 해요. 그 옆은 경기도 구리시 인창동에 있는 문종의 무덤인 현릉. (육군박물관/시몽포토)

안평대군

이 그림은 세종 때 화가 안견이 그린 산수화인데요, 안평대군이 꿈에서 도원을 거닌 이야기를 안견한테 그리게 한 것이지요. 세종의 셋째 아들인 안평대군은 글씨가 무척 뛰어나 이 그림 끝에 글을 써 넣기도 했어요. 거기에 보면 놀랍게도 안견이 이 그림을 사흘 만에 그렸다는 얘기가 나와요.(일본 덴리(天理)대학교 소장)

수양대군과 사육신

세종의 둘째 아들 수양대군은 형인 문종이 일찍 세상을 뜨자 자기가 왕이 되고 싶었어요. 그래서 어린 조카 단종을 죽이고 왕의 자리에 올라 세조가 되지요. 하지만 성삼문, 박팽년, 하위지, 이개, 유성원, 유응부 여섯 집현전 학사들은 세조를 결코 임금으로 섬길 수 없었어요. 그래서 단종을 다시 왕의 자리에 앉히려다 세조한테 목숨을 잃고 마는데, 이들 여섯 신하를 일컬어 후세 사람들은 사육신이라고 하지요. 옆은 강원도 영월에 사육신의 위패가 모셔져 있는 창절사(오늘날은 창절서원)이고, 아래는 경기도 남양주시 부평리에 있는 세조의 무덤인 광릉이에요. (시몽포토)

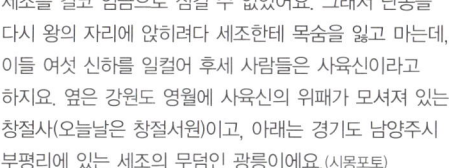

내가 뭘 잘못했다고?

또 다른 위기가 오다

최만리 대감의 방으로 집현전의 나이 든 학사들이 속속 모여들었다. 다들 한자리에 모이자 저마다 한마디씩 내뱉었다.

"아무래도 요즘 임금이 수상쩍어."

"그러게 말이오."

"뭔가 꿍꿍이가 있는 게 틀림없어."

"지난번 일을 벌써 잊으신 건 아니겠지요?"

한 중신의 말에 최만리 대감을 비롯한 다른 중신들의 얼굴이 굳어졌다. 지난번 일이란 세종이 왕의 자리에 오르고 나서 얼마 뒤 궁궐에 절을 세우려 한 것을 말한다. 그때 조정은 발칵 뒤집혔다.

"유교의 나라에서 궁궐에다가 버젓이 절을 짓다니요, 그건 결코 아니 될 말입니다."

대신들은 너 나 할 것 없이 모두 반대하고 나섰다.

처음엔 세종도 굳게 맞섰다. 그러자 대신들은 아예 조정 일을 접고 모두 집으로 돌아가 버렸다. 그 바람에 나랏일이 멈춰 서고 만 것이었다. 그제야 세종은 하는 수 없이 절을 세우려 했던 뜻을 꺾었다.

"그럼 이번에도 절을 세우려 한단 말인가?"

"그게 아니라 요즘 들어 장서각에 드나드는 횟수가 부쩍 늘어났는데, 그 까닭이 뭔지를 모르겠단 말이오?"

"그야 워낙 책을 좋아하시는 분이니 그러시겠지요."

"글쎄요, 최 대감은 뭐 짚이는 게 없소?"

그러자 모두 최만리 대감한테로 눈길을 돌렸다.

"안 그래도 넌지시 떠보았는데, 도통 알 길이 없구려."

최만리 대감도 몹시 답답한 듯 얼굴을 찌푸리며 말했다.

"일부러 감추는 것이겠지요. 이러고 있을 게 아니라 첩자라도 보내서 살펴봐야 하지 않을까요?"

"허허, 첩자라니요! 집현전 학사 입에서 못하는 말이 없구려."

최만리 대감이 눈을 치뜨며 호통을 치고 나서, 다시 마음을 추스르고는 차분히 말을 이어 갔다.

"우리 모르게 꾸미는 일이 있다면 머지않아 드러나겠지요. 조금만 더 기다려 봅시다."

그때 문이 벌컥 열리면서 박거이가 들어왔다. 박거이는 명나라 황실과 친분이 두터운 집현전 학사였다.

"참, 한심들 하십니다."

문 밖에서 방 안의 얘기를 듣고 들어온 박거이는 다짜고짜로 나이 든 학사들한테 빈정대며 말했다.

"그게 무슨 말인가?"

최만리 대감이 박거이한테 물었다.

"임금이 지금 무슨 일을 꾸미고 있는지 대감들께서는 정말 아무것도 모르고 있단 말입니까?"

박거이가 다시 한 번 목청을 돋우며 말했다.

"그럼 자네는 알고 있단 말인가?"

"그야 물론이지요."

박거이는 그러면서 못마땅한 듯 말을 이었다.

"지금 임금은 우리 모르게 글자를 만들고 있습니다."

"뭣이?"

둘레에 앉아 있던 나이 든 학사들은 하나같이 놀라움을 금치 못해 그저 눈만 껌벅거렸다.

"어리석은 백성을 위한다는 구실로 글자를 만들고 있단 말입니다. 형제국인 명나라의 한자를 두고 다른 글자를 만들어 쓰겠다니, 이 같은 해괴망측한 일이 또 어디 있겠습니까?"

박거이는 그야말로 화가 머리끝까지 나 있었다. 박거이의 말을 듣고 난 나이 든 학사들은 이 일을 어떡할지를 두고 떠들썩했다.

"곧장 달려가서 말려야 하오."

"만일 임금이 그런 일이 없다고 시치미를 뚝 떼면 우리만 바보가 될 게 아니오?"

"그런데 자네는 이 일을 어떻게 알게 됐나?"

가만히 다른 학사들의 얘기를 듣고 앉아 있던 최만리 대감이 박거이를 바라보며 물었다.

"다 알아내는 수가 있지요. 최 대감님처럼 곧이곧대로 물어서야 어디 비밀을 캐낼 수 있겠습니까?"

박거이는 거들먹거리며 말했다. 그때 최만리 대감의 머릿속으로 불쑥 얼마 전에 일어났던 일이 떠올랐다.

'흐음, 어쩌면 임금의 침실에 날아든 화살은 이 녀석이 한 짓일지도 모르겠군.'

하지만 섣불리 못 박을 수는 없는 노릇이었다. 최만리 대감은 조금 더 박거이를 지켜보기로 했다.

"그래, 이제 우리는 어떡하면 좋겠는가?"

그 자리에 있던 학사 가운데 한 사람이 자기 수염을 어루만지며 무겁게 입을 열었다.

"이 일은 그저 저한테 맡겨 주십시오."

박거이는 둘레에 앉아 있는 나이 든 학사들을 전혀 아랑곳하지 않고 거리낌 없는 말투로 내뱉었다.

"우리는 자네만 믿겠네."

최만리 대감은 태연스레 말했다.

"고맙습니다, 어르신들."

그러면서 박거이는 고개를 숙였다. 최만리 대감은 고개 숙인 박거이의 입 꼬리가 치켜 올라가는 걸 놓치지 않았다.

'음, 섬뜩한 웃음이야. 아무래도 무슨 일이 일어날 것만 같아. 한시도 마음을 놓아서는 안 되겠군.'

다음 날 아침, 궁궐엔 놀라운 소식이 전해졌다.

"그게 사실이냐?"

세종은 너무도 놀란 나머지 벌떡 일어섰다.

"예."

내관이 허리를 숙인 채 쩔쩔 매며 말했다.

"그래, 대체 어찌 된 노릇이라더냐?"

"새벽에 집을 나서 다리를 건너는데 갑자기 뒤에서 누군가 밀었다고 합니다. 그 바람에 다리 아래로 떨어져 다리가 부러지고, 갈비뼈도 금이 가는 큰 상처를 입었다고 합니다."

"허어, 어찌 이런 일이……."

내관의 말에 세종은 다리에 힘이 풀려 그만 털썩 주저앉고 말았다. 강호가 그만하기에 무엇보다도 다행이긴 했지만, 마음 한 켠으로 가슴이 무척 쓰라렸다.

'내가 강호를 이 일에 끌어들이지만 않았어도…….'

그러다 세종은 정신이 번쩍 들었다. 누군가 일부러 강호를 다리 밑으로 떠밀었다면, 이것은 두 번째 경고인 셈이었다.

'그렇다면 다음 차례는 바로 나겠군. 이러고 있을 때가 아니라 어서 서둘러야겠어.'

세종은 더욱 조바심이 났다.

역사스페셜박물관

《용재총화》

조선 중종 때 학자 성현이 쓴 《용재총화》에는 "세종은 신숙주와 성삼문한테 언문을 지을 것을 명령했다."란 글이 나옵니다. 이에 따라 오랫동안 훈민정음은 세종과 집현전 학사들이 함께 만든 것이라고 알려져 왔어요. 하지만 역사학자들은 이는 사실과 크게 다르다고 말합니다. 왜냐하면 조선 시대의 왕실 기록물인 《조선왕조실록》에는 집현전 학사들이 훈민정음을 만드는 일에 함께했다는 기록이 하나도 안 나오기 때문이지요. (규장각 한국학연구원)

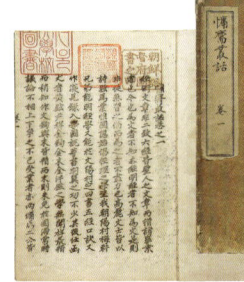

《조선왕조실록》

《조선왕조실록》은 조선 시대를 이해하는 데 없어서는 안 될 아주 중요한 역사책이에요. 여기에는 임금 한 사람 한 사람에 얽힌 기록뿐만 아니라, 조선 시대의 정치·경제·사회·문화를 이해하는 데도 꼭 필요한 기록들이 꼼꼼히 담겨 있답니다. 그래서 그 가치를 인정받아 1997년에는 유네스코에서 세계기록유산으로 지정하기도 했지요. 바로 이 책에 "세종이 몸소 언문 스물여덟 자를 지었다."는 내용이 나와요. 이는 세종이 홀로 훈민정음을 만들었다는 걸 말해 주고 있지요. (규장각 한국학연구원)

아이, 졸려!

집현전 학사들은 무엇을 했을까?

세종이 가장 아끼고 챙겼던 집현전 학사는 바로 이 사람, 신숙주였어요. 알려진 바로는 신숙주와 더불어 집현전 7학사가 훈민정음을 만드는 일에 함께했다고 알고 있지만, 사실은 그게 아니라 세종의 뜻에 따라 이들은 한글 보급에 열심히 참여했을 뿐이지요. 다시 말해서 세종이 만든 스물여덟 자를 백성들이 배우기 쉽게 책으로 엮거나, 한글로 된 여러 책을 펴내는 일을 했던 것이지요. (고령신씨 문중 소장)

백성을 가르치는 바른 소리

"그래, 기역을 찾았느냐?"

세 왕자와 정의 공주가 방 안으로 들어오자 세종이 물었다.

"아직 못 찾았습니다."

세자가 힘없이 대답했다. 나머지 두 왕자와 정의 공주도 차마 고개를 못 들고 있었다. 세종은 땅이 꺼질 듯 한숨을 내쉬었다.

"아, 이럴 때 숙주라도 곁에 있었더라면……."

세종은 신숙주가 그리웠다. 집현전 학사인 신숙주는 나이는 젊지만 학식이 깊고 총명해 세종이 남달리 아끼는 인재였다.

"신숙주는 지금 일본에 있지 않습니까? 그를 곧장 불러들일까요?"

둘째 왕자 수양대군이 세종의 얼굴을 살피며 말했다.

"아니다. 숙주가 들어오면 나이 든 학사들이 더욱 의심을 할 것이다. 조금만 더 고민해 보자꾸나."

그러면서 세종은 생각에 잠겼다.

'기역은 대체 어디에 있을까?'

그때 정의 공주가 책상 위에 놓인 책을 가리키며 말했다.

"아바마마, 이게 무엇입니까?"

"그것은 돌궐의 글자이니라."

"그런 오랑캐도 글자가 있었나요?"

세종은 고개를 끄덕이며 한숨을 쉬듯 말했다.

"그러게 말이다. 돌궐 같은 오랑캐도 글자를 만들었는데, 왜 우리는 못 만든단 말이냐?"

"아바마마. 그럼 우리도 돌궐의 글자를 본떠서 만들면 안 될까요?"

정의 공주가 넌지시 자기 생각을 말했다.

"안 될 소리! 돌궐은 우리말과 다르지 않느냐? 말이 다른데 어찌 글자가 비슷할 수 있단 말이냐? 한자는 소리와 뜻이 달라서 어려운 것이니, 우리 글자는 반드시 우리 소리와 같아야 한다."

세종은 힘주어 말했다. 그리고 입속으로 되뇌었다.

'소리글, 소리글······.'

뭔가 잡힐 듯 말 듯 하면서도 끝내 안 잡혔다. 세종은 속이 탔다. 기역을 찾으려고 몇 날 며칠 뜬눈으로 밤을 지새우기도 했다.

"아바마마, 이러다 큰 병이라도 나겠어요."

정의 공주가 무척 걱정스러운 얼굴로 말했다.

"공주의 말이 맞습니다. 기억은 저희가 꼭 찾아볼 테니 아바마마께서는 몸을 잘 돌보십시오."

옆에 있던 세자도 거들고 나섰다.

"아니다. 이 일은 반드시 내 손으로……. 콜록콜록."

세종이 채 말을 맺지도 못하고 기침을 해 댔다. 한번 시작한 기침은 좀처럼 안 멈추었다. 그러자 왕자들과 공주는 안절부절못했다. 이윽고 세자는 밖을 바라보며 큰 소리로 외쳤다.

"여봐라, 어서 어의를 불러들여라!"

얼마 안 돼 어의가 달려왔다.

"전하, 아 하고 입을 크게 벌려 보십시오."

어의가 시키는 대로 세종은 입을 크게 벌렸다. 어의는 세종의 입속을 찬찬히 들여다보았다.

"목젖이 많이 부었습니다. 혀에 백태도 끼고……."

"그래서 어쨌다는 게야? 큰 병이라도 나신 건가?"

세자가 조바심이 난 얼굴로 어의를 다그쳤다.

"과로 때문에 생긴 몸살 고뿔입니다. 약을 지어 올릴 테니 드시고 오늘 밤엔 푹 주무셔야 합니다."

옆에서 지켜보던 정의 공주는 눈물을 뚝뚝 흘리며 말했다.

"흑흑. 아바마마가 그렇게 아프신 줄도 모르고……."

"울지 마라. 그깟 목 좀 부은 것 가지고……."

그렇게 말하던 세종이 갑자기 소리쳤다.

"잠깐!"

모두가 세종을 바라보았다.

"이보게, 의관. 내가 이제부터 기역 하고 말해 볼 테니, 혀 모양이 어떤지 잘 살펴보게."

"예? 기역은 무엇이고 혀 모양은 또 무엇입니까?"

어의는 영문을 몰라 어리둥절했다. 세 왕자와 정의 공주도 영문을 모르기는 마찬가지였다.

"허어, 그냥 시키는 대로만 하게나."

세종이 어의를 나무라듯 말했다.

"예, 잘 알겠습니다. 말씀하십시오."

"기역."

그러자 어의가 세종의 입속을 찬찬히 살펴보았다.

"그래, 내 혀 모양이 어떠하냐?"

어의를 바라보며 세종이 물었다.

"낫입니다."

"낫이라? 그렇다면 바로 이런 모양이란 말인가?"

세종은 종이 위에 ㄱ을 썼다.

"맞습니다. 바로 그 모양입니다."

"됐다. 이제 아픈 것이 씻은 듯이 나은 것 같다. 의관은 물러가라."

의관이 물러나자 세종은 모처럼 환한 얼굴로 세 왕자와 정의 공주를 바라보며 말했다.

 "드디어 기역을 찾았어!"

 "그럼 이게 우리가 찾고 있던 글자란 말씀이십니까?"

 정의 공주가 신기한 듯 ㄱ을 바라보았다.

 "그렇다. 우리가 찾고 있던 글자는 바로 우리 입속에 있었어."

 "입속에요?"

 "그렇다. 우리말을 소리 낼 때 나타나는 혀와 입술 그리고 목구멍의 생김새, 곧 발음 기관의 모양을 본뜨면 바로 우리의 글자가 되는 거지. 하하하."

 세종은 그렇게 말하고는 기분 좋게 너털웃음을 쳤다. 하지만 왕자들과 공주는 아직도 고개를 갸웃했다.

 "허허허. 다들 무슨 말인지 아직 헷갈리나 보구나. 그럼 미음을 소리 내 보아라. 입술이 어떤 모양이냐?"

 "미음."

 정의 공주가 소리 내서 말했다.

 "네모난 모양입니다."

 "그렇지. 네모."

 세종은 종이 위에 ㅁ을 적었다. 그리고 차례대로 니은, 시옷, 이응을 소리 내고 나서 ㄴ, ㅅ, ㅇ을 적어 나갔다.

"아바마마, 정말 신기해요."

정의 공주는 믿어지지 않는 듯 세종이 찾은 다섯 글자를 바라보았다. 세종도 가슴이 벅찼다. 위험을 무릅쓰고 끝까지 애쓴 보람이 있었다. 세종은 그날 밤 찾은 다섯 글자에다 스물셋을 더해서 모두 스물여덟 글자를 만들었다.

"아바마마, 이 스물여덟 글자를 무엇이라 이름 지을까요?"

정의 공주가 기쁨에 겨운 얼굴로 물었다.

"백성을 가르치는 바른 소리, 훈민정음이 어떠하냐?"

역사스페셜 박물관

고대에도 글자가 있었을까?

훈민정음이 만들어지기 훨씬 전부터 우리나라에는 글자가 있었다는 설이 줄곧 있어 왔어요. 경남 남해군 금산 거북바위에는 내용을 알 수 없는 그림이 새겨져 있는데, 사람들은 이것이 고대 글자가 아닐까 하고 여기고 있어요. 또 그 생김새는 전해지지 않지만 고조선 시대에 '신지 문자'나 '가림토 문자'가 쓰였다고 주장하는 사람들도 있어요. 과연 아주 먼 옛날 우리 조상들이 쓴 글자는 어떻게 생겼을까요? (남해군청)

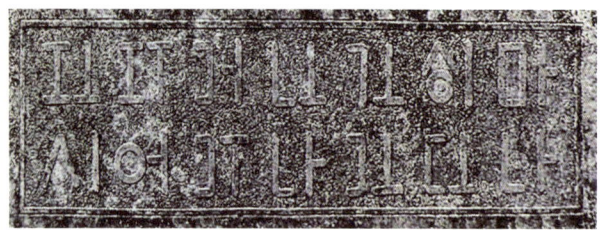 

신대 문자

일본의 여러 지역에서는 한글보다도 오래된 한글이 있다고 전해지는데, '신대 문자'(위)라는 게 바로 그것이에요. 고대 일본에서 한자가 들어오기 전에 썼다고 전해지는 여러 글자들을 일컫는 말인데, 아직까지 언제 어떻게 만들었는지는 안 알려져 있어요. 북한 학자 가운데는 고조선의 글자가 일본에 건너가서 만들어진 것이 신대 문자라고 주장하기도 한답니다.

돌궐 문자

돌궐은 6세기 중엽 알타이 산맥 가까운 곳에서 일어나 거의 2세기 동안 몽골 고원에서 중앙아시아에 걸쳐 다스린 유목 민족 국가입니다. 19세기 덴마크의 한 학자는 돌궐 제국 시대인 720년에 세워졌다는 톤유쿡 비문 두 기를 분석한 결과 돌궐족이 그들만의 글자를 썼다는 사실을 밝혀냈어요. 이것이 훗날 만주 문자가 되지만 만주국이 망하면서 글자도 사라져 버리지요. (연합뉴스)

마침내 뜻을 이루다

"소식 들었어?"

"무슨 소식?"

"임금이 훈민정음을 만들었대."

"훈민정음? 그게 뭔데?"

"우리 글자라던데."

"그래? 어떻게 생긴 글자일까?"

세종이 스물여덟 자의 훈민정음을 만들었다는 소식이 전해지자, 궁궐 안은 시끌벅적했다. 내시는 내시들끼리 궁녀는 궁녀들끼리 또 집현전 학사는 학사들끼리 이러쿵저러쿵 얘기하느라 시간 가는 줄 몰랐다.

집현전 학사들 가운데서도 젊은 학사들은 훈민정음을 반겼지만, 나이 든 학사들은 그렇지 않았다. 집현전 부제학 최만리 대감의 방에는 모두 일곱의 나이 든 학사들이 모여 비상 회의를 열었다.

"마른하늘에 날벼락이라더니, 이를 어쩐단 말입니까?"

나이 든 한 학사가 나서며 먼저 말문을 열었다.

"박거이를 믿은 게 잘못이었어. 그때 바로 우리가 달려가서 말렸어야 했는데."

일이 이렇게 되자 그 자리에 모인 학사들은 모두 박거이를 탓했다. 마침 그때 박거이가 나타나 거드름을 피우며 말했다.

"아직 안 늦었습니다."

"벌써 글자를 만들었다는 소문이 파다한데, 아직 안 늦었다니? 일을 이렇게 만들어 놓고도 아직도 큰소린가?"

또 다른 한 학사가 그런 박거이를 나무랐다. 하지만 박거이는 꿈쩍도 안 했다.

"만들어 놓고도 못 쓰면 아무 쓸모가 없지 않습니까?"

박거이의 말에 학사들은 다시 귀가 솔깃해졌다.

"하긴 그렇군. 그럼 못 쓰게 할 방법이라도 있다는 겐가?"

"물론이지요. 어르신들 걱정을 단칼에 없애 줄 방법이 있습지요."

박거이는 눈을 가느다랗게 뜨고 섬뜩한 웃음을 지었다. 그때 말없이 가만히 지켜보고 있던 최만리 대감이 박거이를 노려보며 말했다.

"임금님 침전에 화살이라도 쏘겠다는 겐가?"

박거이는 속마음을 들킨 사람처럼 뜨끔했다.

"집현전 젊은 학사 강호를 그렇게 한 사람도 자네일 테고."

"그게 다 이 나라 조선을 위한 일이 아니겠습니까?"

"닥치게!"

최만리 대감은 버럭 소리를 질렀다.

"임금의 목숨을 노리는 것이 옳은 방법이라는 것인가? 어리석기 짝이 없는 놈. 썩 꺼지지 않으면 네 놈이 한 짓을 온 천하에 알려 대역 죄인으로 다스릴 것이야!"

최만리 대감의 찬 서리 같은 호령에 얼이 빠진 박거이는 슬금슬금 뒷걸음질쳐서 그곳을 빠져나갔다. 그제야 속사정을 알게 된 학사들도 가슴을 쓸어내렸다.

"박거이가 그런 짓을 할 줄이야! 큰일 날 뻔했군."

"그나저나 이제 어쩐다? 최 대감 생각을 한번 말해 보시오."

나이 든 학사들은 모두 최만리 대감을 바라보았다.

"다른 방법이 있겠는가? 우리 목숨을 바치는 수밖에."

최만리 대감은 어느 때보다도 무거운 얼굴로 말했다.

드디어 세종이 훈민정음을 널리 퍼뜨려 알리자, 최만리 대감은 그날 모인 여섯의 나이 든 학사들과 함께 상소를 올렸다. 상소를 읽은 세종은 내관한테 큰 소리로 외쳤다.

"어서 집현전 부제학을 들라 하라!"

세종의 부름을 받고 최만리가 바삐 들어섰다.

"전하, 소신 대령했사옵니다."

"어서 오시오."

최만리 대감은 세종 앞에 무릎을 꿇었다. 두 사람은 잠깐 동안 아무 말이 없었다. 무거운 침묵을 먼저 깬 사람은 세종이었다.

"내가 뭘 잘못했는지 말해 보시오."

"이렇게 중대한 일을 하실 때엔 마땅히 재상을 비롯한 여러 신하들의 생각을 먼저 살피셔야 했습니다."

"만일 그랬다면 경들이 허락을 했겠소?"

"그건……."

최만리 대감은 세종이 톡 쏘아 대자 머뭇거렸다.

"도대체 왜 훈민정음이 필요 없다는 게요?"

"글을 쓰는 사람은 양반들인데, 그들한텐 벌써 오랫동안 쓰고 있는 글자가 있지 않습니까?"

"양반만 글을 쓰란 법이 어디 있소? 백성들이 글자를 알아서는 안 될 까닭이 무엇이란 말이오?"

세종은 목소리를 높였다.

"꼭 그런 것만이 아니라, 훈민정음으로 자칫 우리 조선이 얻는 것보다 잃는 게 더 클지도 모르기 때문입니다."

"무엇을 잃는단 말이오?"

"중국의 믿음이옵니다."

최만리 대감은 중국이라는 말에 더욱 힘을 주었다.

"전하, 우리 조선은 중국의 아우 나라가 아닙니까? 그런데 우리가 따로 글자를 만든다는 소식이 전해지면, 이는 중국을 거스르는 짓으로 받아들일지도 모릅니다. 소신이 훈민정음을 반대하는 것은 오로지 우리 조선을 위해서입니다. 이런 소신의 뜻을 깊이 헤아려 주십시오."

그러면서 최만리 대감은 세종 앞에 넙죽 엎드렸다. 세종은 바닥에 엎드린 최만리 대감의 등을 지그시 바라보았다.

'언제나 꼿꼿하고 흔들림 없는 사람.'

나라를 걱정하는 최만리 대감의 마음을 모르는 바는 아니었다. 하지만 두 사람은 그 방식이 서로 달랐다. 세종은 중국보다 백성이 먼저였다. 백성이 곧 하늘이고 땅이었다.

"만일 내가 대감의 뜻을 안 받아들이겠다면 어쩌겠는가?"

세종은 진작 마음을 굳힌 듯 물었다. 최만리 대감은 고개를 들어 세종을 바라보았다.

"소신의 목숨을 바치겠습니다."

"하하하하."

세종은 큰 소리로 웃어 젖혔다. 그러고는 차갑게 물었다.

"지금 나를 협박하는 게요?"

"결코 그런 것이 아니옵니다."

"이 나라 조선을 생각하는 부제학의 마음을 내 모르는 바는 아니오. 하지만 이번 일만은 대감의 뜻을 받아들일 수가 없구려."

그러면서 세종은 밖을 바라보며 큰 소리로 외쳤다.

"지금 바로 집현전 부제학 최만리를 비롯하여 상소를 올린 중신들을 모두 하옥하라!"

"전하, 이러시면 아니 되옵니다. 전하!"

최만리 대감은 눈물을 흘리며 세종한테 빌고 또 빌었다. 끌려가는 최만리를 바라보는 세종의 마음도 편치는 않았다. 하지만 훈민정음을 살리려면 어쩔 수 없는 일이었다.

절을 지으려다 만 내불당 사건 때와는 달리 세종이 굳세게 나오자, 훈민정음을 반대하는 목소리도 점점 수그러들었다. 반대하는 무리가 사라지자 세종은 훈민정음을 알리는 데 온 힘을 기울였다. 아울러 일본에서 돌아온 신숙주한테 훈민정음을 널리 알리는 으뜸 자리를 맡겼다.

"전하, 이렇게 신 나는 일에 저만 쏙 빼는 건 아니시겠지요?"

강호가 목발을 짚고 세종 앞에 나타났다.

"오, 자네로구먼!"

세종이 강호를 보자 무척 반가운 듯 맞이했다.

"전하, 축하드립니다."

"고맙다. 무엇보다 네 도움이 무척 컸구나."

"아, 아닙니다. 그동안 소인이 한 일이 너무 없어서 이제부터 진짜 도움을 드릴까 합니다."

"그래, 너도 힘껏 도우려무나!"

"예, 전하!"

강호는 그 뒤로 신숙주를 도와 신명 나게 일했다.

"집현전에 들어와서 드디어 일다운 일을 하는군."

세종이 만든 훈민정음 스물여덟 자를 책으로 엮으며 강호는 가슴이 벅찼다. 세종도 하루가 멀다 하고 집현전에 들러 학사들을 북돋웠다.

"모두 수고가 많구나. 이 모든 게 다 백성들을 위한 일이니, 그대들의 노력은 결코 아니 헛될 것이야!"

세종은 모처럼 만에 얼굴 가득 웃음꽃을 활짝 폈다.

역사스페셜박물관

조선의 태평성대를 연 임금, 세종대왕!

세종대왕은 훈민정음 말고도 음악과 과학 그리고 영토 확장에 이르기까지 우리 역사에서 가장 뛰어난 임금 가운데 하나였어요. 세종이 이룬 업적 가운데 몇 가지만 보기를 들어 볼게요.

종묘제례악

세종은 음악가로 이름난 박연(朴堧 1378~1458)을 시켜 그때까지의 궁중 음악을 정비하여 우리나라 고유 음악의 밑바탕을 튼튼히 다집니다. 또한 민요를 널리 찾아 모아서는 우리 민족의 정서를 잘 살려 역대 임금의 제사 때 쓰는 종묘제례악을 만들지요. 이 종묘제례악은 1996년에 유네스코 세계 문화유산으로 지정되기도 했어요. 무형문화재 1호. (시몽포토)

편경

이것은 모든 국악기의 음(音)을 조율할 때 기준이 되는 편경이라는 악기예요. 세종 때 박연이 개량하였지요. 이때부터 조선 왕실은 정확한 음으로 아악을 연주할 수 있게 되었어요. (시몽포토)

이게 다 내 작품이야!

측우기

측우기는 조선 세종 23년(1441)에 세계에서 가장 처음으로 만든 우량계예요. 서울뿐만 아니라 여러 지방에도 두어 원통에 든 빗물의 깊이로 강수량을 쟀지요. 이는 농사를 지어 먹고사는 우리 민족한테 더없이 소중한 과학 발명품이었어요. 오른쪽은 세종 때 만든 측우기와 똑같은 것으로, 1837년(정유년)에 충청도 감영이었던 공주에서 만들어 썼던 금영측우기예요. 오늘날은 기상청에 보관돼 있어요. 보물 561호. 원통 높이 32센티미터. 원통 지름 15센티미터. (시몽포토)

규표

규표는 사철과 24절기를 아주 정확하게 측정할 수 있는 태양 고도 관측 장치를 말하는데요, 그 높이가 자그마치 40척(8.3미터)이나 되었다고 해요. 왼쪽은 세종 때의 규표를 십 분의 일 크기로 축소하여 세운 것이에요. 용 두 마리가 청동 기둥을 감고 올라가 가로 막대기를 입으로 딱 받치고 있는 부분이 '표(表)', 그리고 이 가로 막대기 해 그림자를 살필 수 있게 눈금이 새겨져 있는 부분을 '규(圭)', 이 표와 규를 더해 규표(圭表)라고 하지요. 경기도 여주 영릉에 있음. (시몽포토)

혼천의

이것은 천체의 운행을 관측하여 시간을 알 수 있는 천문 시계인데요, 혼천의(渾天儀)에 얽힌 기록은 거의 안 남아 있어요. 조선 시대 기록에도 세종 15년(1443)에 정초와 정인지가 중국 원(元) 나라 오징(吳澄 1249~1333)의 《역찬언(易纂言)》을 참고하여 이천과 장영실이 옻나무로 만들었다는 말만 있지, 그 크기가 얼마만 한지, 어떻게 썼는지, 이런 것은 안 나와 있어요. 복원품. 경기도 여주 영릉에 있음. (시몽포토)

4군 6진 개척

세종대왕은 북쪽으로부터 여진족의 침입을 막으려고 1416년부터 최윤덕 장군한테 압록강 가까이에 4군을 설치하게 합니다. 하지만 그래도 여진족의 침입이 안 멈추자 1434년부터 김종서 장군한테 두만강 가까이에 6진을 설치하게 했어요. 이로써 신라가 삼국을 통일하면서부터 줄어들었던 우리 영토는 압록강과 두만강에 이르기까지 넓어져 오늘날에 이른 것이지요.

한글이 정말 좋아

"최강호!"

어디선가 강호의 이름을 부르는 소리가 들렸다.

'아니, 이 목소리는?'

강호는 눈을 번쩍 떴다. 목소리의 주인은 바로 국어 선생님이었다.

'이게 어찌 된 일이지?'

생각을 더듬던 강호는 교실에서 공책에다 암호를 풀다가 그만 깜박 잠이 들고 말았다는 것을 깨달았다.

'그럼 지금은 수업 시간?'

아이들과 국어 선생님이 모두 강호를 바라보고 있었다. 강호는 잠깐 눈치를 살폈다.

'선생님이 내게 질문을 한 것 같은데, 무슨 질문일까?'

강호는 옆에 앉은 짝꿍의 옆구리를 쿡 찔렀다. 질문이 뭔지 빨리 얘기해 달라는 신호였는데, 짝꿍은 눈만 멀뚱히 뜨고 강호를 바라보았다.

'에이, 눈치 없기는······.'

강호는 이번엔 재빨리 선생님의 눈치를 살폈다. 그때 선생님 뒤로 보이는 칠판에 '훈민정음'이라는 네 글자가 적혀 있는 게 눈에 들어왔다. 강호는 벌떡 일어서서 큰 소리로 말했다.

"훈민정음은 집현전 학사들이 만든 게 아니라 세종대왕께서 직접 만드셨습니다."
"어?"
선생님이 놀란 얼굴로 강호를 바라보았다.
'거봐, 선생님도 이 사실을 모르고 계셨던 거야.'
강호는 신이 나서 말을 이었다.
"훈민정음, 그러니까 한글이 있어서 정말 좋아요. 내가 좋아하는 《셜록 홈즈》도 맘껏 읽을 수 있으니까요."
강호의 말이 끝나자, 선생님은 어이가 없다는 표정이었다.
'엥, 질문이 이게 아니었나?'
강호는 금세 풀이 죽어 말했다.
"저는 선생님이 훈민정음에 대해서 물어보신 줄 알고……."
그러자 선생님이 빙그레 웃으며 말했다.
"질문을 한 게 아니라 출석을 부르고 있었어."
"예?"
"으하하하."
아이들의 웃음소리가 교실 가득 울려 퍼졌다.

조선의 뛰어난 임금, 세종대왕

조선의 네 번째 임금인 세종대왕은 우리 역사에서 가장 찬란한 문화를 꽃피웠어요. 우리의 글자인 훈민정음을 만들고, 세계에서 가장 처음으로 측우기도 만들고, 우리의 음악인 종묘제례악을 작곡하기도 했지요. 세종대왕은 어떻게 이 놀라운 일들을 할 수 있었을까요?

왕의 자리에 올랐을 때 세종대왕은 스물두 살의 젊은 임금이었어요. 그리고 조선이 세워진 지 40년밖에 안 돼 나라 경제는 어렵고, 정치와 문화는 아직 여러 가지로 어수선한 상태였지요. 하지만 세종은 밤낮없이 일에 매달려 이 모든 어려움을 이겨 내고 새 왕조의 기틀을 굳게 다져 갑니다.

세종대왕이 먼저 힘쓴 일 가운데 하나는 학문을 크게 일으키는 일이었어요. 그에 따라 고려 시대부터 있어 왔던 집현전의 구실을 더욱 굳건히 하고, 젊고 뛰어난 인재들이 마음껏 일할 수 있는 터를 마련해 주었지요. 세종의 아낌없는 지원을 등에 업고 집현전 학사들은 훈민정음을 널리 알리는 일에 힘쓰는 한편, 《농사직설》을 비롯한 실용 책과 역사·법률·지리·문학·유교·어학 같은 분야에서도 놀라운 열매를 맺습니다.

세종 때에는 과학 기술 분야에서도 놀랄 만한 발전을 이루었어요. 천문학을 다루는 서운관이 세워지고, 장영실을 중심으로 하는 기술진이 혼천의와 같은 천체 관측 기계를 만들기도 했지요. 천문학의 발전은 시계의 발명으로 이어져 해시계인 앙부일구와 물시계인 자격루·옥루가 만들어졌어요. 여기서 더 나아가 세계에서 가장 처음으로 비의 양을 재는 측우기를 만들어 백성들의 삶에 크나큰 도움을 안겨 주었습니다.

　세종의 빛나는 업적 가운데 또 하나 빼놓을 수 없는 것은 그때까지 여기저기 흩어져 있던 음악 체계를 정리했다는 점이에요. 세종은 조선 시대의 으뜸 음악가인 박연한테 아악을 정리하게 했어요. 하지만 아악은 중국의 음악이라 세종은 조선의 음악을 찾고자 손수 종묘제례악을 작곡하기도 했습니다.

　이 밖에도 세종 때 이룬 업적은 이루 헤아릴 수가 없어요. 하지만 이 모두는 세종의 뛰어난 지도력이 없이는 힘든 일이었어요. 세종은 그 자신이 뛰어난 언어학자이자 음악가이자 발명가였어요. 그리고 신분의 높고 낮음에 상관없이 능력이 뛰어난 인재를 고루 뽑아 썼던 임금이었지요. 천민 신분이던 장영실을 종삼품 대호군의 자리에 앉힌 것만 보더라도 세종의 사람 됨됨을 엿볼 수 있답니다.

　또한 세종대왕은 백성을 그지없이 사랑한 어진 임금이었어요. 가뭄 걱정으로 거의 열흘간을 밤낮없이 백성과 아픔을 같이했던 임금이었고, 가엾은 백성을 깨우치려고 온갖 위험을 무릅쓰고 훈민정음을 만들었지요. 너무 많은 일을 하다 보니 세종은 늘 과로에 시달렸고, 그러다 끝내 병으로 세상을 떠나고 맙니다.

　600년이 지난 지금, 한글을 쓰고 있는 우리 후손들을 보신다면 조선의 뛰어난 임금 세종대왕은 어떤 기분이 들까요?

역사 스페셜 작가들이 쓴 이야기 한국사 35
백성을 가르치는 바른 소리 훈민정음과 세종대왕

글 권기경 | **그림** 최혜영

초판 1쇄 펴낸날 2009년 12월 20일 | **초판 13쇄 펴낸날** 2021년 5월 4일
펴낸이 조은희 | **편집장** 한해숙 | **기획·편집** 네사람
디자인책임 하늘·민 | **디자인** 최성수, 최금옥 | **사진진행** 시몽포토에이전시
마케팅 박영준, 한지훈 | **온라인 마케팅** 정보영 | **경영지원** 김효순 | **제작** 정영조, 정해교
펴낸곳 ㈜한솔수북 | **출판 등록** 제 2013-000276호 | **주소** 03996 서울시 마포구 월드컵로 96 영훈빌딩 5층
전화 02-2001-5823(편집), 02-2001-5828(영업) | **전송** 02-2060-0108 | **전자우편** isoobook@eduhansol.co.kr
블로그 blog.naver.com/hsoobook | **인스타그램** soobook2 | **페이스북** soobook2
ISBN 979-11-7028-497-0 73910 | **ISBN** 979-11-7028-461-1(세트)

어린이제품안전특별법에 의한 제품 표시
품명 아동 도서 | **사용연령** 만 8세 이상 어린이 제품 | **제조국** 대한민국 | **제조자명** ㈜한솔수북 | **제조년월** 2021년 5월

ⓒ 2009 권기경·네사람·㈜한솔수북
※ 저작권법으로 보호받는 저작물이므로 저작권자의 서면 동의 없이 다른 곳에 옮겨 싣거나 베껴 쓸 수 없으며 전산장치에 저장할 수 없습니다.
※ 값은 뒤표지에 있습니다.

 한솔수북의 모든 책은 아이의 눈, 엄마의 마음으로 만듭니다.